Made in the USA
Columbia, SC
06 September 2024

41911262R00067